DE NOCHE

Michael Bright ◆ Nic Jones

Papel certificado por el Forest Stewardship Council®

FSC
www.fsc.org
MIXTO
Papel | Apoyando la silvicultura responsable
FSC® C117695

Penguin
Random House
Grupo Editorial

Primera edición: marzo de 2024

Printed in Spain – Impreso en España

ISBN: 978-84-488-6705-8
Depósito legal: B-549-2024

Realización: MYR Servicios Editoriales, S. L.

Impreso en Gráficas 94, S. L.
Sant Quirze del Vallès (Barcelona)

BE 6 7 0 5 8

ÍNDICE

LOS ANIMALES NOCTURNOS

A los animales activos por la noche se les llama «nocturnos». Duermen, descansan y se esconden durante el día. Están despiertos cuando los depredadores diurnos duermen, así que solo tienen que estar atentos a aquellos que cazan de noche.

En voz baja

Mientras que los insectos y las ranas son muy ruidosos por la noche, muchos depredadores nocturnos son extremadamente silenciosos. Las lechuzas blancas tienen plumas especiales que les permiten volar en silencio sin alertar a sus presas. Tienen la cara curva, como un detector de metales, para captar los sonidos de animales pequeños como los ratones.

Escuchar el eco

La audición es importante para los murciélagos que vuelan y comen insectos por la noche. En la oscuridad, utilizan un sistema llamado «ecolocalización» para orientarse y localizar a sus presas, como las polillas nocturnas. El murciélago «grita» emitiendo sonidos agudos. Estos rebotan en los objetos de delante del murciélago y sus oídos captan el eco. Gracias a esas señales, su cerebro es capaz de saber dónde están situados objetos como árboles o edificios y dónde hay una presa. A diferencia de otros animales nocturnos que tienen grandes ojos, el murciélago puede hacer esto en la oscuridad absoluta.

Oír y oler

Los animales nocturnos tienen bien desarrollados los sentidos del olfato y el oído, y muchos confían menos en la vista. El zorro orejudo, por ejemplo, tiene unas orejas largas para captar los sonidos silenciosos de las termitas con las que se alimenta. Los erizos usan su agudo olfato y su hocico para oler gusanos, babosas, caracoles y otros insectos nocturnos que comen.

Ojos nocturnos

Por la noche, la visión aún puede resultar útil. Algunos animales, como los tarseros y los loris, tienen ojos enormes que detectan la más mínima alteración de luz, como la proveniente de las estrellas. Los animales nocturnos con columna vertebral tienen muchos bastones y pocos conos en la retina. Esto les permite ver imágenes con poca luz mejor que los animales diurnos, pero su visión de los colores no es tan buena.

Hendiduras o círculos

Las pupilas de los animales nocturnos que viven durante el día suelen tener forma de hendidura, como las del gato, para evitar que les entre demasiada luz en los ojos y los ciegue. Sus pupilas se vuelven redondas por la noche, especialmente si están alerta o a punto de atacar.

Pupilas con forma de hendidura de día

Pupilas redondas de noche

Aroma nocturno

Las flores que se abren de noche emiten fuertes perfumes para atraer a los voladores nocturnos, como las polillas y los murciélagos. En la oscuridad, estos animales utilizan el olfato para encontrar las flores más fragantes y con el néctar más delicioso.

LA SELVA SUDAMERICANA

Por la noche, la selva amazónica es calurosa, húmeda y muy ruidosa. Millones de cigarras tropicales y ranas arborícolas provocan un zumbido de fondo con sus graznidos, ambas especies tratando de impresionar a una potencial pareja. La rata de bambú amazónica, que habita en los árboles, «grita» a sus vecinos, con unos estallidos que se pueden escuchar sobre el resto de las llamadas nocturnas. En la oscuridad, los sonidos no solo son una buena forma de que los animales nocturnos se comuniquen entre sí, sino también una manera en la que el bosque puede decirnos qué animales hay y cuáles faltan, revelando si la selva está sana o no.

El cazador nocturno

Muchos felinos son cazadores nocturnos. En la Amazonia, el más formidable es el jaguar. Como todos los felinos, sus ojos se adaptan a la oscuridad con una capa de pequeños espejos en la parte posterior de los ojos. Reflejan la luz sobre las células sensibles a la luz (la retina), duplicando su capacidad para ver con poca iluminación. Esto causa el «brillo de ojos» felino. También tiene más células sensibles a la luz (bastones) que células sensibles al color (conos), así que puede ver seis veces mejor que nosotros por la noche, pero ve menos colores de día.

Cicada

Rana arborícola

Un escondite

En lo alto de los árboles, los mucuares son inusuales, ya que están activos de noche. La mayoría de los otros monos, incluidos los uakaris, duermen en las copas para evitar a los depredadores, pero incluso aquí hay cazadores. Cuando buscan fruta, los mucuares deben tener cuidado con pequeños felinos moteados como los ocelotes y los tigrillos, ambos cazadores nocturnos en las copas. El tigrillo, más pequeño, es un hábil escalador. Puede girar sus tobillos ciento ochenta grados, pudiendo agarrar ramas tanto con las patas delanteras como con las traseras. Por eso puede subir o bajar de cabeza.

La serpiente gigante

En los ríos del Amazonas acecha la serpiente más pesada del mundo: la anaconda verde. Puede medir más de cinco metros y pesar más que un ser humano adulto. Sale del agua, agarra a su presa con la boca y luego enrolla su cuerpo a su alrededor, asfixiándola. Su mandíbula se abre tanto que puede tragarse un capibara entero. Incluso podría enfrentarse a un tapir en una collpa de arcilla.

La nariz flexible

El tapir brasileño es el animal terrestre más grande del Amazonas. Utiliza su hocico largo, de gran movilidad, para recolectar hojas, ramitas y frutos mientras busca alimento en el suelo. También visita collpas de arcilla por la noche. Es un buen nadador y, si se ve amenazado, puede sumergirse en el río y nadar hasta ponerse a salvo, aunque debe tener cuidado con los caimanes negros y las anacondas.

LA SABANA AFRICANA

En una noche despejada y sin luna, desde la sabana se puede ver la Vía Láctea en todo su esplendor. Muchos animales confían en esa luz estelar para orientarse. Los animales con ojos desarrollados para el detalle, como los de los seres humanos, pueden distinguir estrellas individualmente y crean un mapa estelar en su cabeza. Algunas aves migratorias como los vencejos y las golondrinas utilizan las estrellas para trazar el camino entre las zonas en las que se aparean en verano en Europa y las zonas en las que buscan alimento en invierno en África.

Reunión de rinocerontes

Tradicionalmente se creía que el rinoceronte negro era una bestia solitaria, pero, gracias a cámaras especiales que permiten ver a los animales iluminados solo por la luz de las estrellas, se sabe que por la noche se reúnen en grupos en los pozos de agua. Son como un club social para rinocerontes, donde quedan y conocen a las crías de los demás. Así, conocen a los jóvenes que en el futuro serán también miembros de este club social.

Escarabajos de la caca

El escarabajo pelotero vuela de noche en busca de estiércol fresco. Utiliza la luz de las estrellas para orientarse. No busca patrones en ellas, ya que su cerebro es demasiado pequeño para retenerlos. En cambio, reconoce diferentes áreas de brillo en el cielo nocturno. De esta manera, lleva su estiércol a un lugar seguro, donde otro escarabajo no pueda robárselo.

Los comehormigas

Por la noche, en el suelo de la sabana, los osos hormigueros y los pangolines buscan termitas y hormigas. Ambos tienen herramientas eficaces contra depredadores nocturnos como los leopardos. El oso hormiguero tiene garras letales y, si le atacan, se tumba boca arriba y ataca con las cuatro garras. El pangolín es más pasivo. Está cubierto de escamas duras y puede enrollarse para proteger su parte inferior.

Leones nocturnos

Los leones cazan de día y de noche. Tienen la misma visión nocturna que otros felinos, con el añadido de una franja blanca debajo de cada ojo que refleja aún más la luz, incluso si es muy tenue. Al igual que nosotros, no pueden ver si no hay luz, pero el brillo de las estrellas les es suficiente para detectar un animal al que vale la pena atacar.

El cazador silencioso

Los babuinos duermen en los árboles o en las cornisas de los acantilados, a salvo de los leopardos. Los leopardos están especializados en cazar de noche, y confían en el sigilo para sorprender a sus presas. Incluso saltan sobre un animal que pase por debajo de un árbol. Los babuinos no son su presa preferida porque se defienden, por lo que los antílopes pequeños y las especies de monos más pequeñas suelen ser su objetivo.

LAS PRADERAS NORTEAMERICANAS

Muchos de los animales pequeños de las praderas se esconden bajo tierra durante el día y están activos por la noche. Como el terreno es tan plano, serían fáciles de detectar durante el día, por lo que desaparecen bajo tierra hasta que es seguro salir. Por la noche, salen de sus madrigueras y túneles y se mueven con mayor libertad en la superficie, cuando la oscuridad les oculta su paradero a los depredadores.

Búho cornudo americano

El mal olor

Otro cazador nocturno es la mofeta. Repele los ataques de los depredadores con el repulsivo y maloliente líquido que arroja desde su parte trasera, pero aun así es vulnerable a los grandes búhos cornudos que se abalanzan desde arriba.

Una imitación inteligente

En verano, cuando hace calor, las serpientes cascabel de la pradera cazan de noche. Se arrastran por la hierba y por los túneles de los perros de las praderas en busca de pequeños roedores. Los búhos llaneros también hacen nidos en túneles y, si los amenaza algún tejón o hurón, se comportan como una serpiente cascabel. Emiten silbidos y cascabeles al igual que las serpientes para ahuyentar a los intrusos.

La llamada inquietante

Una de las aves nocturnas de América del Norte es el cuerporruín, de la familia de los chotacabras. Durante el día, se camufla tan bien recostado en el suelo o en una rama que es casi invisible, pero, por la noche, busca insectos. En la temporada de apareamiento, hace su inquietante llamada de «látigo de mala voluntad», que repite hasta cuatrocientas veces.

Regresando del abismo

Los perros de la pradera son vulnerables por la noche. Pueden ver a los depredadores durante el día, pero no cuando está oscuro. Por donde habitan, merodean el tejón americano y el rarísimo hurón patinegro. El hurón se alimenta prácticamente de perros de las praderas, por lo que, cuando los ganaderos mataron a estos perros porque interferían con la cría de ganado, el hurón casi se extinguió. Ahora ha regresado y vuelve a la caza de su presa favorita.

Agujero para uno

Las tuzas viven en madrigueras y tienen una rutina específica dos veces al día: se vuelven activas en la superficie durante un breve periodo a primera hora de la tarde, luego descansan hasta el anochecer, tras lo cual pasan una noche ocupada recolectando comida. Tienen especial predilección por las raíces y los tubérculos y, mientras excavan buscándolos, dejan pequeños montones de tierra, igual que los topos. Los científicos también han descubierto que en sus túneles cuidan los «campos» de raíces y fertilizan las plantas con sus excrementos. Se comportan como agricultores.

LOS BOSQUES EUROPEOS

Por la noche, el bosque se transforma. Todos los animales que se mostraban tímidos de día salen repentinamente; es como una fiesta que dura toda la noche. Los jabalíes excavan el suelo buscando comida, los ciervos arrancan la corteza de los árboles, los tejones y erizos husmean entre la maleza y las martas persiguen a las ardillas voladoras, que se deslizan de un árbol a otro para escapar de los depredadores. Los cárabos comunes sustituyen a los halcones y se abalanzan sobre ratones y topillos. Las polillas, como la espectacular gran esfinge morada, reemplazan a las mariposas.

La noche: la hora del lobo

Los lobos grises cazan habitualmente en manadas. Al amparo de la oscuridad, buscan ciervos y jabalíes, a los que persiguen sin descanso por el bosque hasta agotar a la presa. Si un lobo se separa de la manada, los demás aúllan hasta que el grupo de caza se reúne. Es un sonido espeluznante en el bosque que, por lo demás, está silencioso.

Constructores de presas

Los castores europeos se pasan el día escondidos en sus islas artificiales, pero, al anochecer, salen para recolectar ramitas y hojas con las que alimentarse y talar árboles para reforzar sus increíbles presas. Retuercen la base del árbol hasta que cae, y luego, lo arrastran al agua, para colocarlo en su lugar entre los demás troncos y ramas. La presa crea un pequeño lago, con la cabaña del castor en el medio, a salvo de lobos y osos. Los castores entran y salen por una abertura submarina.

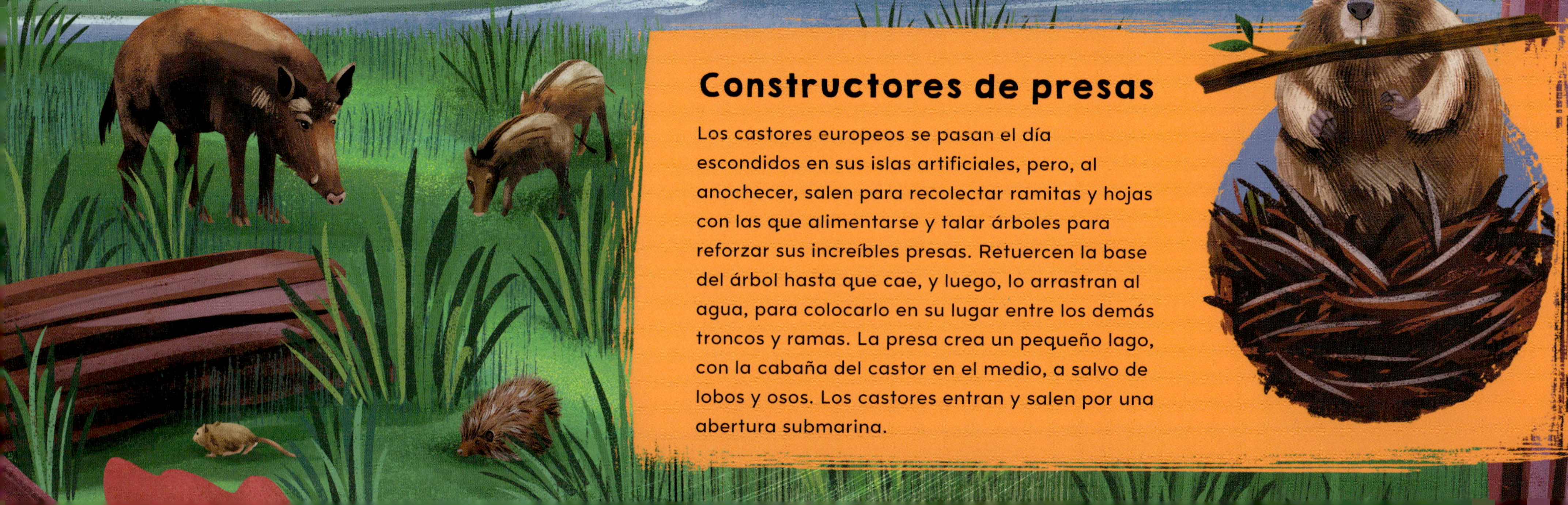

Dormilones

Los lirones son pequeños roedores que están activos de noche, pero solo durante seis meses al año. La otra mitad hibernan. Cuando están despiertos, los lirones pasan la mayor parte del tiempo en las ramas de los árboles recogiendo flores, bayas, nueces y orugas. Tienen un oído excelente y charlan entre ellos en los árboles… pero nosotros no podemos oírlos, ya que lo hacen con sonidos muy agudos, conocidos como «ultrasonidos».

El gato del bosque

Reconocible por los mechones puntiagudos en la parte superior de sus orejas, el lince euroasiático es un pequeño felino del bosque. Caza sobre todo de noche, recorriendo a veces grandes distancias en busca de presas. Cada lince tiene su propia zona de caza, que marca con manchas de olor para que otros linces no se acerquen. Atrapa y come animales de diferentes tamaños, desde pequeños lirones hasta ciervos jóvenes.

EL DESIERTO DEL SÁHARA

Sorprendentemente, la noche sahariana puede ser muy fría, con temperaturas a veces por debajo de los cero grados. Hay dos razones: primero, la arena del desierto pierde rápido el calor que gana durante el día; y segundo, el aire es tan seco que no hay humedad, y no hay nubes que retengan el calor por la noche. Con temperaturas más frescas, el desierto cobra vida de verdad. Animales grandes como el addax y la gacela dorcas salen de sus lugares de descanso diurno y se alimentan de cualquier arbusto o pasto que se encuentran. Sin embargo, la mayoría de los animales son mucho más pequeños. Se esconden en sus madrigueras durante el día y, cuando salen para alimentarse por la noche, hacen uso de rocas cálidas para entrar en calor.

Migrantes voladores

Muchas aves migratorias, como la curruca torcaz y el trepador pechiblanco, se paran en los oasis del desierto para interrumpir sus largos viajes. Se posan durante el día y vuelven a volar por la noche. Aquellos que se han alimentado bien (y por tanto tienen mucha energía) tienden a marcharse a la noche siguiente; en cambio, aquellos que no lo han hecho tanto permanecen durante unos días para engordar antes de emprender el siguiente tramo de su viaje.

Orejas grandes

El zorro fénec es la especie de zorro más pequeña del mundo. Usa sus enormes orejas para localizar animales bajo tierra. También actúan como reguladores de temperatura, ya que permiten que el zorro pierda calor cuando necesita enfriarse. Se alimenta tanto de plantas como de animales: es omnívoro, como el zorro rojo.

Venenos mortales

Varios depredadores del desierto inyectan veneno mortal a través de una picadura o mordedura. El escorpión dorado tiene un veneno que podría matar a un niño, pero su presa normal son los grillos y las langostas. La víbora del cuerno, reconocible por los diminutos «cuernos» que tiene encima de los ojos, es un depredador de emboscada. Se entierra en la arena dejando solo los ojos fuera, y ataca a cualquier presa que se acerque demasiado, inyectando un veneno que provoca una hemorragia interna. Bastan aproximadamente cuarenta y cinco miligramos de veneno para matar a un ser humano adulto.

Una araña rodante

La araña flic-flac caza polillas antes del amanecer. Si se queda atrapada al aire libre y la amenaza un depredador, puede usar sus patas traseras para alejarse dando volteretas hacia un lugar seguro. Hay varias arañas del desierto que aprovechan la gravedad para alejarse rodando de los atacantes, pero esta araña es la única que puede rodar cuesta arriba.

Escorpión dorado

Depredador y presa

El turón rayado sahariano vive al borde del desierto y caza pequeños mamíferos. Uno de sus objetivos es el jerbo, un roedor con orejas grandes, que le ayudan a oír a los depredadores que se acercan, y patas traseras largas, que le permiten saltar lejos del peligro a una velocidad de hasta quince kilómetros por hora.

LAS CUEVAS Y BOSQUES DEL SURESTE ASIÁTICO

En la oscuridad de la cueva, se percibe un insoportable hedor a amoníaco. Proviene de las enormes pilas de excrementos de murciélago que se han acumulado durante cientos de años debajo de sus refugios. La superficie está repleta de millones de cucarachas y escarabajos tenebriónidos que se alimentan de ellos, y dondequiera que haya agua en la cueva, se pueden encontrar cangrejos de agua dulce buscando restos comestibles. Todo depende de que los murciélagos y las aves se alimenten en el bosque y luego regresen para descansar o anidar en la cueva, donde sus excrementos son alimento para la extraordinaria cantidad de animales que viven en su interior.

Ojos grandes

En las copas de los árboles, los monos y simios duermen, y otros primates los reemplazan. El loris perezoso se alimenta de resina y néctar. Utiliza sus dientes para perforar la corteza de los árboles, y el ruido se puede escuchar hasta a diez metros de distancia. Otro primate nocturno es el tarsero, que se parece a un mono. Tiene ojos enormes, un rasgo adaptado para cazar de noche. Atrapa insectos como cucarachas y saltamontes saltando sobre ellos.

La salida de los murciélagos

Al anochecer, las salanganas regresan a sus nidos, arriesgándose a ser capturadas de nuevo. Sin embargo, los halcones murcielagueros están más centrados en los animales nocturnos. Oleadas de murciélagos de labios arrugados salen de la cueva. Mientras que las salanganas capturan a los insectos que vuelan de día, los murciélagos cazan a los que lo hacen de noche.

Asesinos silenciosos

Todos los animales más pequeños del bosque pueden ser presa del leopardo longibando, un felino del bosque que se siente tan a gusto en los árboles como en el suelo. Incluso puede caminar por una rama boca abajo. Es de tamaño mediano, pero tiene los dientes caninos (colmillos) más grandes entre los felinos; miden cinco centímetros de largo. Se sabe poco sobre su vida cotidiana porque es muy tímido y reservado.

El insecto de la caca

Hay tantos millones de cucarachas en la superficie de la caca de murciélago que se convierte en una masa retorcida de asquerosidad.

Viajeros misteriosos

Los jabalíes barbudos suelen realizar largas migraciones nocturnas por el bosque, aunque aún no sabemos por qué. Una manada está dirigida por jabalíes ancianos (machos), que recorren largos senderos, y al amanecer, desaparecen entre los matorrales para esconderse.

UNA ISLA APARTE: MADAGASCAR

Cuando anochece, todo un nuevo elenco de personajes sale de sus lugares de descanso diurno en Madagascar. Los lémures están activos tanto de día como de noche, y cada especie de lémur tiene su horario preferido. Al anochecer, los lémures diurnos se retiran. A su vez, los lémures nocturnos se despiertan, y hay muchas especies diferentes...

El lémur de dedos largos

El lémur más raro es el aye-aye. Tiene grandes ojos amarillos y orejas negras, pero su rasgo más particular está en sus manos. El aye-aye tiene dedos inusualmente largos, con los que golpea los troncos huecos para comprobar si hay larvas en su interior. Si las hay, el lémur utiliza su dedo medio extralargo para sacarlas.

El imitador de hojas

El gecko cola de hoja satánico se parece a una hoja. Es uno de los tantos reptiles de Madagascar que parecen hojas o cortezas. Durante el día permanecen quietos y son prácticamente invisibles. Cualquier movimiento los delataría, pero, al amparo de la oscuridad, disminuye la posibilidad de que nadie se dé cuenta: es entonces cuando los geckos y otros pequeños lagartos buscan comida.

Lémures nocturnos

Los lémures lanudos viven en parejas. Descansan mucho porque comen hojas que tardan en digerirse más que otros alimentos como frutas o insectos. Los lémures juguetones son solitarios. Se mueven mucho por los árboles y tienen patas traseras fuertes para saltar por las ramas. Los lémures enanos tienen periodos largos durante el invierno en los que no están activos (tiempos de letargo). Durante este tiempo, dependen de la grasa almacenada en la cola para sobrevivir.

Una mariposa espectacular

En la familia de la mariposa cometa, las orugas son las únicas que se alimentan; los adultos, machos y hembras, no comen en absoluto. Solo viven cuatro o cinco días, en los cuales tienen que encontrar pareja. La hembra pone los huevos antes de morir.

Una rana peligrosa

Cuando la atrapan, la rana tomate de color rojo brillante se hincha y libera una sustancia a través de su piel que adormece la boca y los ojos del depredador. El atacante suele dejarla caer, permitiéndole escapar.

Un compañero espinoso

El tenrec se asemeja a un erizo, pero no lo es. Pertenece a un grupo de animales completamente diferente. Su pariente más cercano es la musaraña nutria africana. Tiene mala vista, pero sus bigotes son extremadamente sensibles. Su espalda está cubierta de espinas, que le ofrecen protección contra el fosa, que también suele cazar hasta altas horas de la noche. Si es atacado, el tenrec se convierte en una bola con las espinas hacia afuera, como un erizo. Así, protege su parte inferior, que es más vulnerable.

EL MAR ABIERTO

Por la noche, el número de seres vivos que nadan o flotan cerca de la superficie del océano aumenta considerablemente. Millones de criaturas de las profundidades del mar se dirigen hacia la superficie para alimentarse. Algunas son grandes, otras pequeñas. El diminuto plancton, por ejemplo, hace el viaje de regreso cada veinticuatro horas. Al anochecer, sube para alimentarse del fitoplancton que vive en la superficie y, al amanecer, regresa a la seguridad de aguas más profundas y oscuras. Es una táctica arriesgada, y por eso, el esfuerzo debe merecer la pena, ya que le persiguen y le cazan pequeños peces que realizan el mismo recorrido. Estos, a su vez, son presa de peces más grandes: calamares, tiburones y delfines. Este viaje a la superficie se llama «migración vertical» y es el mayor movimiento de animales del planeta.

Cortando galletas

Un animal extraño que hace este viaje diario es el tiburón cortador de galletas. Se acerca en sigilo a peces grandes, ballenas y delfines que nadan en la superficie y les pega un mordisco redondo. Por la mañana, el cortador de galletas regresa a las profundidades para pasar el resto del día.

Nadador de campeonato

El pez espada pasa el día a una profundidad de hasta quinientos cincuenta metros, y sube a la superficie al atardecer para cazar. Persigue calamares y otros peces, cortándolos con su largo pico (en lugar de pincharlos). El pez espada puede nadar a casi veintidós kilómetros por hora, lo que lo convierte en uno de los peces más rápidos del océano.

Labios de goma

Otro tiburón inusual de las profundidades es el boquiancho. Es tan raro su avistamiento que no se descubrió hasta 1976, y desde entonces se han registrado menos de cien, por lo que no se sabe mucho sobre él. Una cosa que los científicos sí saben es que se embarca en una migración vertical diaria. Permanece a una profundidad de ciento cincuenta metros durante el día y asciende hasta los veinte metros por la noche. Se mueve increíblemente lento, a poco más de un kilómetro por hora. Como indica su nombre, el boquiancho tiene una boca grande con labios gomosos. Nada con la boca bien abierta, filtrando el agua en busca de pequeños zooplánctones, como los kriles y las medusas.

El calamar gigante

Los calamares Humboldt o jumbo son grandes. Crecen hasta los dos metros y medio y tienen ocho brazos y dos tentáculos extensibles. Las puntas de los tentáculos tienen una maza de ventosas con ganchos afilados para atrapar a sus presas. Pasan el día en una parte del mar con niveles más bajos de oxígeno, en la que pocos depredadores habitan, por lo que es un lugar seguro para descansar. Por la noche, suben a la superficie, donde se convierten en depredadores formidables. Los bancos de jumbos pueden incluir más de mil individuos, y los calamares se comunican entre sí mediante sus tonos de piel, que cambian con rapidez parpadeando en rojo y blanco. Comen todo tipo de peces, e incluso, otros calamares gigantes, ya que son caníbales.

EL INTERIOR AUSTRALIANO

La mayoría de los marsupiales son nocturnos. Muchas partes de Australia son muy calurosas y tienen poca agua, por lo que se activan por la noche, cuando el sol se ha puesto. De esta manera, los animales evitan el calor abrasador del mediodía y, al salir cuando hace más fresco, conservan la preciada agua. También implica que, como dependen menos de la visión durante la noche, sus sentidos más desarrollados para la oscuridad sean el olfato y el oído.

El emú dormilón

Cuando un emú se dispone a conciliar el sueño por la noche, lo hace por etapas. Primero, se agacha y se queda dormido, listo para despertarse y correr rápidamente si se asusta. Si no se le molesta, entra en un sueño más profundo; su cuello se contrae en su cuerpo y sus ojos se cierran. Finalmente, su cabeza llega al suelo, con el cuello contraído, haciendo que el ave parezca un montículo de tierra. Permanecerá así durante unos noventa minutos; luego se levantará, se estirará y repetirá la rutina, logrando un total de siete horas de sueño por noche.

Marsupiales del interior

El adorable bilby, que cuenta con unas grandes orejas para perder calor, es un especialista en el desierto del interior. Come prácticamente cualquier cosa pequeña y obtiene todo el agua que necesita de sus alimentos, que pueden ser desde arbustos del desierto hasta insectos. El petauro del azúcar vive en los bosques del este de Australia. Es el equivalente marsupial de la ardilla voladora. Permanece en los árboles para evadir a los depredadores, pero allí debe evitar a los quoles, unos marsupiales carnívoros que pueden trepar a los árboles.

Petauro del azúcar

Bilby

Mirando hacia adelante

El canguro rojo es el marsupial vivo más grande del mundo. Como la mayoría de los marsupiales, la hembra del canguro rojo mantiene a su cría subdesarrollada dentro de una bolsa en su barriga. En el caso del canguro, la entrada de la bolsa mira hacia adelante; otros marsupiales, como el wómbat, tienen una bolsa con la entrada hacia atrás.

Caca cuadrada

El wómbat es vulnerable a los ataques de los dingos, un tipo de perro salvaje. Para defenderse, se dirige a la madriguera más cercana y bloquea la entrada con su espalda, que está reforzada con una capa extra de cartílago. Sin embargo, es conocido por algo completamente diferente: ¡su caca tiene forma cuadrada!

LOS ANDES

Por la noche, la temperatura en las montañas de los Andes desciende hasta por debajo de los cero grados. Al sur de la cordillera pueden soplar repentinamente fuertes vientos del océano Pacífico, y luego cesar abruptamente. Es como abrir y cerrar una ventana. Cuando estas ráfagas crecen, hay que tener cuidado. Los lugareños, por ejemplo, aparcan sus coches contra el viento. Si aparcasen al revés, este podría arrancar las puertas. Como en otras partes del mundo, la oscuridad saca a relucir a los depredadores.

Una trampa para las piernas

Los lagos de los Andes no son solo lugares donde los flamencos se alimentan. También duermen en ellos, ya que es poco probable que los depredadores entren al agua. Sin embargo, corren el riesgo de quedarse atrapados en los lagos poco profundos por la noche cuando el agua se congela alrededor de sus patas. Estarán apresados hasta la mañana, cuando el sol y la cálida brisa los liberan.

Chinchillas

Bolas de pelo

En lo alto de los Andes hay salares enormes, como el de Uyuni, el más grande del mundo. Cuando el agua de la superficie del suelo se evapora, deja una gruesa capa de sal que se seca en formas hexagonales. En medio de este «mar de sal» blanco hay «islas» oscuras y rocosas que albergan a pequeñas bolas de pelo: las chinchillas. Pueden sobrevivir aquí porque tienen el pelaje más denso y cálido de entre todos los animales terrestres. Las chinchillas viven en colonias llamadas «rebaños» y salen de sus madrigueras al anochecer. Si se ven acorraladas, rocían orina a su atacante y, si los atrapan, sueltan pelaje y escapan de las fauces del depredador.

Terror en la oscuridad

El zorro colorado y el gato montés cazan en las laderas superiores de las montañas. El zorro colorado caza principalmente roedores, como las vizcachas y los degús, aunque también se alimenta de los cadáveres de las vicuñas que los pumas han cazado previamente. El gato montés de color gris ceniza es experto en capturar vizcachas, que representan alrededor del 90 % de su dieta, y parece tener más éxito en las noches sin luna, cuando es menos probable que los roedores lo vean acercarse.

El felino de los mil nombres

El depredador más impresionante de los Andes es el puma, animal que habita en casi todo el continente americano (desde Alaska hasta la Tierra del Fuego). En cada país en el que vive, el puma cuenta con nombres diferentes; por ejemplo, en Estados Unidos se le conoce como puma, león de montaña y pantera. Es más pequeño que el guanaco, su principal presa en los Andes, pero eso no lo desanima. El puma ha nacido para emboscar. Utiliza la oscuridad y el terreno accidentado para acercarse con sigilo y atrapar a su presa desprevenida, que, a pesar de la diferencia de tamaño, no puede hacer nada. Hace tiempo, se pensaba que los pumas eran animales solitarios, pero recientes observaciones revelan que a veces se reúnen por la noche y comparten su comida.

EL ARRECIFE DE CORAL

Por la noche, la ciudad de coral se vuelve un campo de batalla. Mientras los peces loro duermen en sacos de dormir mucosos y los peces reales se encierran en grietas usando las espinas de sus aletas, muchos tiburones y otros peces salen a cazar. Los tiburones son cazadores nocturnos muy eficientes porque utilizan una serie de sentidos diferentes, además de la vista. Con un agudo sentido del olfato, pueden detectar cualquier olor asociado a sus presas; por ejemplo, los fluidos corporales. Pueden oír sonidos de baja frecuencia, como el de un pez herido que se revuelve. Los sensores de su morro captan los campos eléctricos de los músculos de la presa, permitiéndole localizar al objetivo incluso con los ojos cerrados. También entran en juego el tacto y el gusto. Generalmente, el tiburón da un mordisco para ver si su presa es apetecible. Incluso tiene un «toque a distancia» para captar los cambios de presión en el agua gracias a la línea de sensores que les recorren el costado.

La patrulla fronteriza

En el borde del arrecife, donde comienzan las aguas profundas, patrullan bancos de tiburones grises. Buscan peces en los bordes de la pared de coral y en los canales que conectan las lagunas poco profundas con el mar abierto. En la oscuridad, las mantarrayas gigantes se abalanzan desde el océano y recogen enjambres de plancton animal, que contiene crías de cangrejos, langostas y peces, y los tiburones tigre se mueven hacia la laguna central del arrecife en busca de los más débiles. Por la mañana, todos se van y el arrecife recupera su relativa calma.

Lanzas y martillos

Mantis marinas

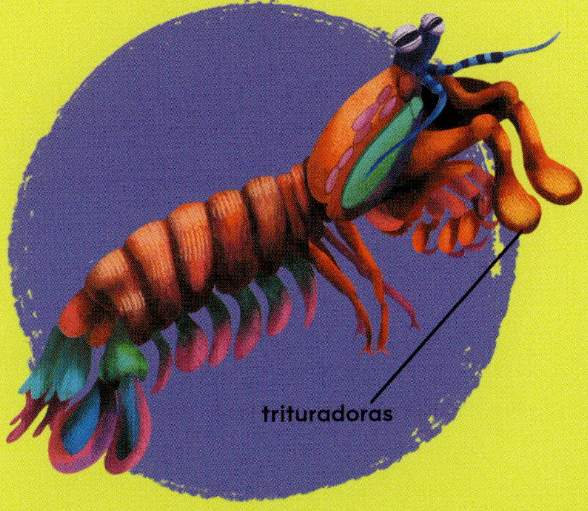

Las mantis marinas son depredadores coloridos que viven en madrigueras y salen por la noche para cazar. Cuentan con armas que impresionarían incluso al más duro de los personajes de *Juego de Tronos*. Hay de dos tipos: las perforadoras y las trituradoras. Las perforadoras pescan con una especie de arpón, mientras que las trituradoras rompen las conchas de cangrejos y moluscos con un martillo. Las armas, apéndices modificados, son muy poderosas y se mueven a una velocidad impresionante. Por ejemplo, cuando se ha metido a una mantis marina en un tanque, ha roto el cristal.

La doble mandíbula

Las morenas salen de sus zonas de descanso diurno entre los corales y atrapan cualquier pez, sepia o calamar que pase. Esta anguila tiene dos pares de mandíbulas: una en la parte frontal de la boca y otra en la parte de atrás. La mandíbula delantera agarra a la presa y la trasera la atrae hacia la garganta. La forma de las mandíbulas y los dientes depende del alimento principal de la anguila. Las especies con mandíbulas redondas y dientes planos se alimentan de cangrejos, langostas y camarones, mientras que otras tienen mandíbulas puntiagudas y dientes afilados, adecuados para cazar peces.

Dirigiendo una cuña

Al anochecer, los tiburones de punta blanca cobran vida. Abandonan sus lugares de descanso diurno y, valiéndose de sus cabezas en forma de cuña, se abren camino entre las grietas mientras intentan capturar peces ardilla y peces soldado, que están activos durante la noche.

LA CIUDAD

Por la noche es cuando salen en la ciudad todas las plagas: cucarachas, pececillos de plata, ratones domésticos, ratas marrones y negras, babosas y caracoles. También es cuando muchos invasores del campo ven seguro salir de casa.

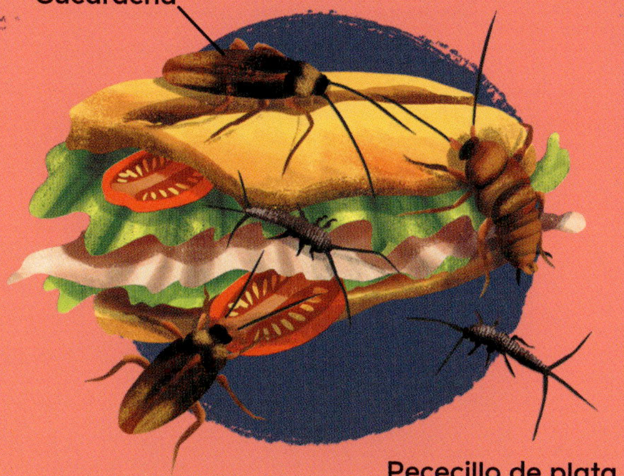

Plagas escurridizas

A las cucarachas les gustan los lugares cálidos y húmedos donde hay abundante comida, como las cocinas de los restaurantes, los locales de comida rápida o las panaderías. Los pececillos de plata se trasladan a baños, cocinas y sótanos, donde se alimentan de pegamento, libros, cabello y otros productos que se encuentran en el hogar.

Nuevos cuerpos y comportamientos

Algunos invasores son muy diferentes de sus primos del campo. En Estados Unidos, los ratones algodoneros y los topillos de la pradera tienen cerebros más grandes para hacer frente a las dificultades de la vida urbana, y las ardillas grises han dejado de llamarse a través del ruido: se comunican, en cambio, mediante movimientos de cola. En Reino Unido, los pájaros cantores cantan en un tono más elevado para superponerse al ruido del tráfico. La vida salvaje está cambiando nuestras ciudades, y nuestras ciudades están cambiando la vida salvaje.

El débil sonido de los ratones correteando se adentra en las orejas del cárabo por las plumas de su cara.

Roedor molesto

Las ratas y los ratones viven con los humanos desde hace milenios. Las ratas marrones prefieren lugares húmedos: las alcantarillas, con mucho espacio y una rica provisión de alimentos, son su hogar ideal. Los ratones domésticos prefieren lugares más secos, con materiales blandos para sus nidos, que generalmente ubican cerca de comida. Hace miles de años, invadieron los almacenes de cereales de los primeros agricultores del suroeste de Asia, y probablemente esto contribuyó a que los gatos fueran domesticados, para mantenerlos a raya.

El campo en la ciudad

Los mapaches y las zarigüeyas visitan las calles y los jardines de Estados Unidos, mientras que en Reino Unido estos espacios son dominio del zorro rojo y el tejón europeo. Se dice que en Londres hay más zorros que autobuses de dos pisos. Los cárabos han llegado a los suburbios y cada noche se llaman con su familiar «¡Tu-juit! ¡Tu-juó!» (así describió William Shakespeare sus peculiares ululares en *Trabajos de amor perdidos*). Es una gran sorpresa que los halcones peregrinos, generalmente activos de día, hayan empezado a cazar de noche, utilizando luz artificial para atrapar otras aves.

Criaturas viscosas

A las babosas y a los caracoles también les agradan los ambientes oscuros y húmedos. Se deslizan por el jardín y, por la mañana, se puede ver el rastro de limo seco que ha dejado su viscoso cuerpo en el camino. A aproximadamente una hora por metro, avanzan hacia las plantas de muchos jardineros y las derriban con éxito. Una hilera de plántulas puede verse reducida a unos simples tallos desnudos a la hora del amanecer.

Hora de jugar

En el norte de Siberia (Rusia) y alrededor de la bahía de Hudson (Canadá), los osos polares se han trasladado a las ciudades, y en Europa del Este se pueden encontrar osos pardos en las calles por la noche. En Estados Unidos, se han visto a osos pardos y negros zambulléndose en piscinas y a zorros saltando en trampolines para niños. Pero no todo son risas y diversión. En algunas ciudades de India, puedes encontrarte cara a cara con un leopardo enfadado. Es momento entonces de encerrarte en casa... ¡y ni se te ocurra echar un vistazo!

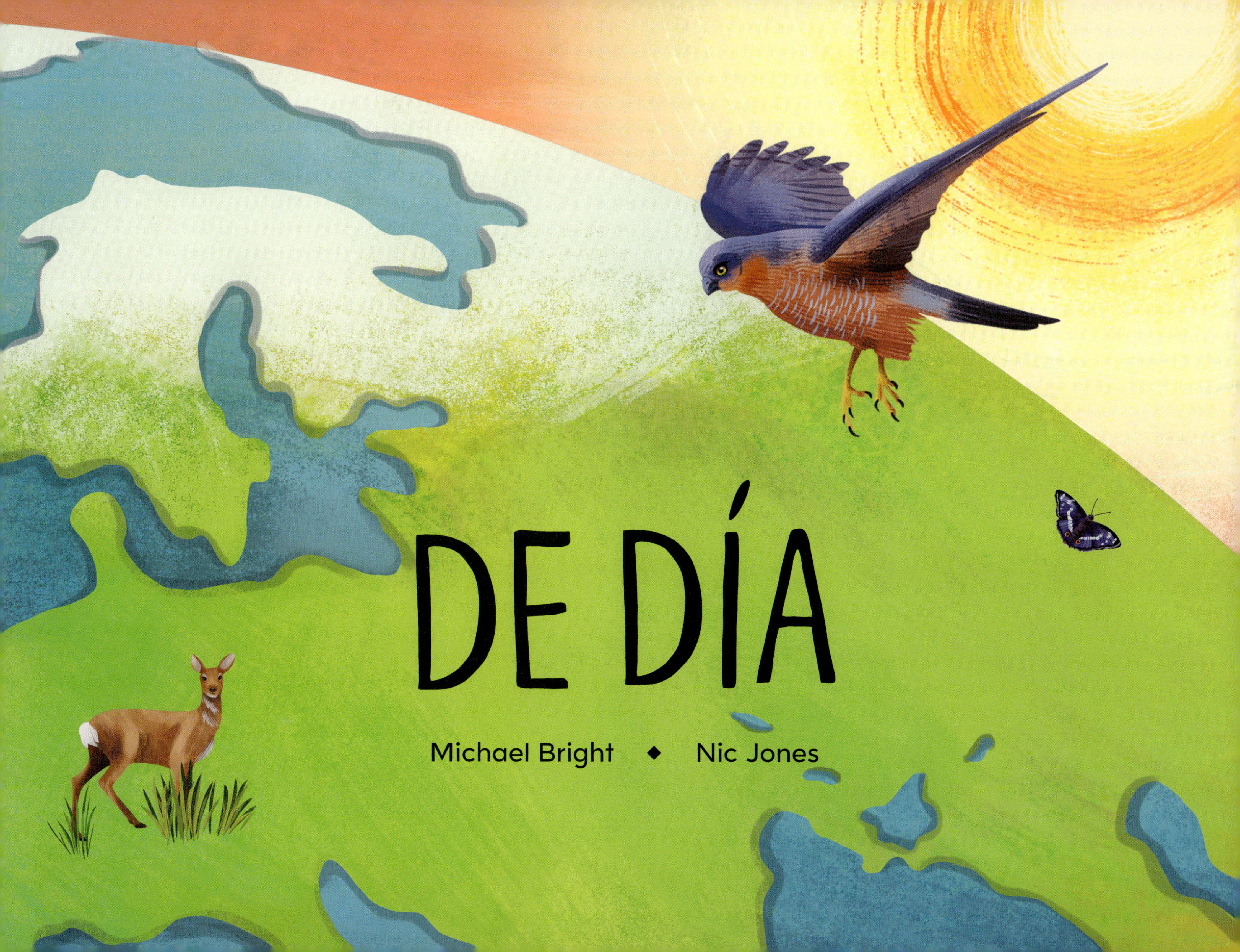

DE DÍA

Michael Bright ◆ Nic Jones

Beascoa

ÍNDICE

LOS ANIMALES DIURNOS

Se les llama diurnos a los animales que salen de día. Cazan o buscan comida durante el día y duermen, descansan o se esconden durante la noche. Casi todos los monos y los simios, incluidos los humanos, somos animales diurnos. También lo son muchas aves y la mayoría de los animales que confían en el sol para entrar en calor y activarse cada mañana, como muchos tipos de serpientes y lagartos.

Ver y no ser visto

Muchos animales diurnos confían en su buena visión para sobrevivir. De día, la vista es tan importante para los animales que deben estar alerta del peligro como para los que tratan de atraparlos.

Visión envolvente

Los animales que se alimentan de plantas (herbívoros), como los antílopes o las gacelas, tienen los ojos a los lados de su cabeza para poder detectar el peligro acercándose desde casi cualquier dirección, pues no son capaces de ver a los depredadores aproximarse por detrás. Muchos tienen buen oído y un agudo sentido del olfato para ayudarles, pero la visión es vital para ver al atacante y tomar acciones evasivas.

Mirando de frente

Muchos depredadores, como las aves de caza o los grandes felinos, tienen ojos en la parte frontal de su cabeza, lo que les otorga una visión binocular como la nuestra. Con ella pueden calcular la distancia hasta su presa o si se está alejando o acercando a ellos. Las mejores en esto son las águilas, pues desde el cielo pueden localizar a sus presas a kilómetros de distancia. Están activas de día porque es cuando sus presas lo están.

Ojos diurnos

En la parte trasera de nuestros ojos hay una capa de células sensibles a la luz (la retina). Principalmente hay dos tipos de células: bastones y conos. Los bastones son sensibles a la luz y los conos perciben el color. Nosotros tenemos ambos, así que podemos ver bien y en color. Hay otros animales diurnos con este tipo de células, y la mayoría también tienen ojos relativamente pequeños con pupilas redondas.

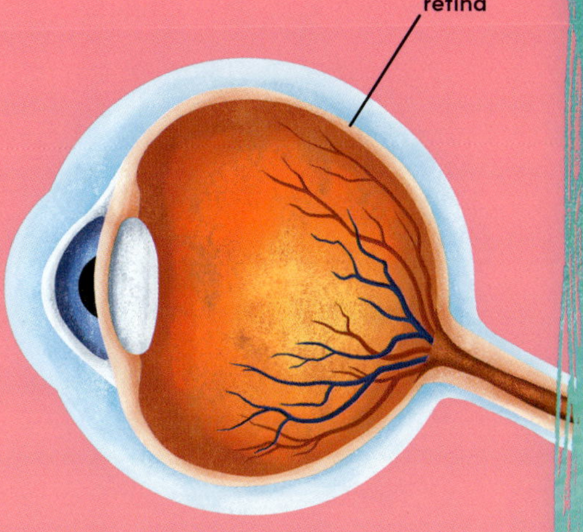

Ojo humano

Colores atractivos

Las flores que se abren de día y despliegan pétalos y sépalos coloridos quieren atraer insectos diurnos, como las abejas o las mariposas. Es así para que los ayuden a polenizarse, puesto que los insectos utilizan sus ojos más que cualquier otro sentido para buscar flores.

Cambiar la noche por el día

Algunos animales que normalmente son activos por la noche pueden a su vez salir de día. Las ratas, por ejemplo, son primordialmente animales nocturnos, pero si su área es invadida por zorros (que cazan de noche), se convierten en diurnas, y así con suerte evitan que las cacen.

LA SELVA SUDAMERICANA

En la selva del Amazonas, situada en el trópico, las mañanas pueden empezar con un brillante sol y por la tarde caer lluvias torrenciales. Esto pasa doscientos días al año, y de ahí que se termine generando una densa selva. La cuenca del Amazonas se extiende a ambos lados del ecuador, donde la cantidad de horas de luz es prácticamente la misma durante todo el año. La luz solar que un animal recibe depende del nivel en el que viva dentro de la selva. Los que viven en las copas de los árboles son los que más reciben, mientras que los que habitan en el suelo son a los que menos luz les llega. Esto pasa porque los árboles están tan cerca unos de otros que las hojas tapan el sol de los niveles más bajos.

Con la cara roja

Uno de los monos más raros que habita en las copas de los árboles es el uacarí calvo. Los primeros exploradores vieron en su brillante cara carmesí a un hombre inglés calvo quemado por el sol, y les hizo gracia; pero, en el caso del uacarí calvo, cuanto más roja tenga la cara, más sano. Se alimenta sobre todo de semillas, y los dientes de su fuerte mandíbula inferior están afilados para permitirle abrir frutos sin madurar y sacar las semillas. Esto le da una ventaja sobre el resto de monos de la Amazonia, que tienen que esperar a que los frutos maduren.

El asesino de las copas

Uno de los mayores depredadores que vive en las copas de los árboles es el águila arpía. Es una de las aves rapaces más grandes del mundo y tiene los talones más fuertes de todas las águilas. Se cuelga de un árbol hasta que localiza a una presa, y luego se precipita sobre ella. Es tan fuerte que puede coger a un mono y salir volando.

Festín de barro

El muro de barro que se forma cuando el río erosiona la orilla atrae a coloridos y ruidosos guacamayos. Estas aves llegan cada mañana para comerse el barro. Los científicos no están seguros de por qué lo hacen, pero es probable que sea para adquirir ciertos minerales, como el sodio, ausente en su dieta habitual, o para neutralizar venenos presentes en los frutos sin madurar que comen.

El roedor monstruo

El roedor más grande del mundo se reúne en grupo a las orillas de los ríos e islas. Se le llama capibara y se parece a un cerdo guineano gigante. Pasa parte del día en el agua, comiendo plantas marinas, y solo sale para masticar hierbas en verano y juncos en invierno. Su mandíbula inferior está preparada para masticar la comida hacia adelante y atrás, en vez de hacerlo de un lado a otro como otros herbívoros (los animales que comen plantas).

LA SABANA AFRICANA

La sabana africana cuenta con pocos árboles donde esconderse, por lo que muchos animales confían en la velocidad para cazar presas o permanecer fuera de peligro. Estas praderas albergan algunos de los animales más rápidos de la tierra, como el guepardo (el animal más rápido a cuatro patas) y el avestruz (el ave más rápida a dos patas). Con el sol brillando constantemente y con pocas zonas de sombra, muchos animales descansan al mediodía. No así el guepardo: al ser un felino relativamente pequeño, caza cuando los depredadores más grandes, como los leones, están descansando, para no tener que pelearse ni competir con ellos por la comida.

Siguiendo la lluvia

En la sabana hay estaciones secas y estaciones lluviosas. Las praderas son más fértiles con las precipitaciones, ya que proveen de comida a millones de animales que se alimentan de plantas, como los ñus, las gacelas y las cebras. Los ñus tienen la extraña habilidad de saber si está lloviendo a mucha distancia, y lideran al resto de herbívoros en una de las mayores migraciones de la Tierra... Y adonde vayan los herbívoros, los carnívoros les siguen de cerca.

Cazando solo

El guepardo es un cazador solitario. Bajo sus ojos, tiene algo parecido a unas lágrimas negras, para que el sol no se refleje en su pelaje, como la pintura facial que se usa en el fútbol americano. El guepardo también es un gran velocista (en segundos es capaz de alcanzar los sesenta kilómetros por hora), aunque la mayoría de sus cazas son más lentas. Usa su velocidad para capturar gacelas, también muy rápidas. Las hembras tienden a cazar solas, pero, para atrapar algo grande, como un avestruz o un topi, suelen trabajar juntos varios guepardos «hermanos», al igual que los leones.

Cazando juntos

Los leones cazan en pequeños grupos conocidos como manadas. Cada manada cuenta con varias hembras adultas y sus cachorros, y a todos los protegen dos o más machos. Principalmente son las hembras las que cazan, aunque los machos a veces se les unen. Juntos, los leones pueden cazar presas más grandes que ellos, como búfalos o cebras, aunque suelen optar por los ñus, por ser numerosos. Algunas manadas han llegado a cazar incluso a elefantes.

Monos luchadores

Los babuinos oliva buscan raíces y tubérculos en el suelo de la sabana, pero, si un leopardo los sorprende, se suben a los árboles. El leopardo es un escalador nato pero, afortunadamente para los babuinos, pesa demasiado para que lo sostengan las ramas más altas. Si un leopardo atrapa a un babuino en el suelo, el resto de la tropa hace algo inesperado. En vez de escapar, corren hacia el gran felino, acosándolo hasta que se va.

LAS PRADERAS NORTEAMERICANAS

En mitad del continente norteamericano hay bastas áreas de dehesas conocidas como las praderas. La vegetación principal es la hierba, con flores silvestres y algunos pocos árboles. Las temperaturas suelen ser templadas, las precipitaciones moderadas y las tierras fértiles, así que muchas praderas se han convertido en plantaciones de trigo. Aún hay algunas áreas libres, y otras han vuelto a su estado natural, por lo que la vida salvaje todavía tiene cabida.

Águila calva

El ariete vivo

El animal vivo más grande de Norteamérica es el visón o búfalo. Hubo un tiempo en el que deambularon por las praderas grandes manadas, pero, ahora, solamente quedan algunos visones. Son animales importantes en las praderas porque sus pezuñas afiladas remueven el suelo, como si arasen, y así evitan que este se anegue: su constante pastoreo mantiene el pasto en buen estado. La mayor parte del año son dóciles, aunque impredecibles, y es muy fácil saber cuándo están en época de reproducirse, ya que se pelean dándose cabezazos.

El corredor de larga distancia

Las praderas son el hogar de otra especie veloz. El berrendo o antílope americano puede alcanzar los cincuenta y cinco kilómetros por hora y correr largas distancias durante mucho tiempo. Es más corredor de fondo que velocista. Por qué el berrendo necesita correr rápido largas distancias es un misterio, ya que otros depredadores, como los lobos o los osos, no pueden igualar su velocidad. Un científico expuso que, no hace mucho tiempo, había guepardos en América y que los berrendos necesitaban velocidad para escapar de ellos. Hoy, los guepardos se han extinguido en América... pero los berrendos continúan corriendo.

El vecindario de los perros

Esparcidas por las praderas se encuentran las enormes «ciudades» subterráneas de los perros de la pradera. En realidad, no son perros, sino roedores parientes de las ardillas. La red de túneles que construyen les permite escapar de los depredadores y mantenerse a salvo de las granizadas, nevadas e incendios forestales, que son comunes en la zona.

Estridentes

El gran gallo de la pradera es un ave de los pastizales. En primavera, se reúnen en grandes arenas naturales, conocidas como «las tierras estridentes», donde los machos intentan impresionar a las hembras. Levantan dos plumas a modo de orejas, chasquean las plumas de su cola y se pavonean mientras emiten ruidos estridentes con la ayuda de los sacos que tienen a cada lado del cuello. Durante el resto del año, las aves tienen un plumaje que les ayuda a «desaparecer» entre la vegetación, manteniéndose a salvo de ataques de águilas calvas y doradas.

LOS BOSQUES EUROPEOS

Los bosques europeos tienen árboles que pierden sus hojas en invierno, como el roble, el fresno, la haya y el castaño de Indias, todos ellos caracterizados por unas hojas más anchas que alargadas. La razón de esta pérdida no es el frío, sino la falta de agua. En invierno, el agua de la tierra se suele congelar, quedando fuera del alcance de los árboles. Es como estar en un desierto, pero helado y frío. Los árboles pierden agua a través de sus hojas por medio de un proceso llamado transpiración, por lo que, tras descargar sus hojas en invierno, reducen su pérdida de agua y sobreviven al periodo más duro del año.

Las bulliciosas copas

En los árboles, los pájaros carpinteros taladran los troncos para indicar que viven allí, los arrendajos recolectan bellotas, los tordos cantores aplastan conchas de caracoles y los pájaros cantores recolectan semillas y orugas, pero todos tienen que andarse con ojo. Puede sorprenderlos un gavilán, que sabe maniobrar entre las ramas y acorralar a su víctima.

Peleas aéreas

Una de las mariposas más impresionantes en los bosques europeos es el emperador morado. Aunque son preciosos, los machos son muy agresivos. Vuelan alrededor de la copa de su árbol casa y, como un avión de combate, persiguen a cualquier otro macho, incluyendo a mariposas de otras especies, que se aventure en su terreno. Dan la bienvenida a las emperadores hembra pero, si alguna ya se ha apareado, huye tan rápido como puede.

Si te adentras en el bosque

A pesar de que en los bosques europeos hay muchos jabalíes y ciervos (incluyendo corzos, gamos y alces), se camuflan tan bien que quedan fuera de nuestra vista, por lo que rara vez los vemos. Un oso pardo, en cambio, los olería, ya que tiene uno de los olfatos más agudos del mundo animal.

Encantador y malvado

Los armiños son pequeños pero valientes. Cazan animales cinco veces más grandes que ellos, por ejemplo, conejos. Son tan buenos trepando árboles (para robar huevos) como corriendo entre las madrigueras de los ratones de patas blancas y de campo. En primavera están activos sobre todo de día, pero, en otoño, cazan tanto de día como de noche. La punta negra de su cola sirve para distraer a las aves rapaces, ya que estas intentan agarrarlos por su cola en vez de por el tronco de su cuerpo.

EL DESIERTO DEL SÁHARA

El Sáhara es el desierto más grande y caluroso del mundo. Se sitúa en la mitad norte de África y es algo más grande que Estados Unidos. Es un lugar difícil para vivir. Hay vientos que restriegan ferozmente la arena y las rocas, y la temperatura diaria ronda los 30 °C todo el año; y puede alcanzar los 58 °C, una de las temperaturas más altas registradas en la Tierra. Apenas llueve en algunas partes del desierto y hay poca agua en la superficie; pero, en las profundidades, hay grandes reservas que salen a la superficie formando oasis. Estos rincones de agua y vegetación son imanes para la fauna del desierto y parada obligatoria para las aves migratorias que sobrevuelan el Sáhara.

Antílope del desierto

El caluroso desierto no es un lugar cómodo para pasar el rato al mediodía, pero hay vida en él. El addax es un gran antílope en extinción que cuenta con formas de sobrevivir al calor y la sequía. Está activo en las horas más templadas del día y, cuando empieza a hacer mucho calor, grupos pequeños de addax se tumban juntos a la sombra. Los addax obtienen toda el agua que necesitan de las plantas que comen y del rocío que se forma en el follaje por la noche. También tienen pequeños bolsillos en su estómago donde almacenan agua.

Comparte con un amigo

Para un gran número de aves, el Sáhara es su hogar. Uno de ellos es la gran alondra ibis, un pequeño pájaro cantor con un largo y curvado pico, una cola y unas piernas delgadas. Cuando caza animales en el suelo, más que volar, parece que corre. Como el guepardo, la alondra tiene líneas negras bajo los ojos que sirven para absorber los rayos de sol y reducir la cantidad de reflejos. También ha desarrollado una actitud muy astuta para hacer frente al calor. Cuando la temperatura aumenta y la superficie de la arena alcanza los 62 °C, busca cobijo en la madriguera de los lagartos de cola espinosa. El lagarto es hervíboro, así que está a salvo, y estar bajo tierra reduce en un 80 % la pérdida de agua.

Mientras el gato está lejos

Muchos animales diurnos del desierto son pequeños. El pez de arena es un lagarto delgado que se mueve rápido tanto encima como debajo de la arena, dando la sensación de que nada en ella. Al mediodía, se esconde del sol bajo la arena. Esta es la oportunidad de las hormigas plateadas. Con su principal depredador fuera de escena, salen de su refugio bajo tierra a buscar comida en un desierto en el que la temperatura alcanza sus máximas. Aprovechan el sol para orientarse y no perderse. Tienen un «pelaje» plateado que las ayuda a protegerse del sol; pero, si están mucho tiempo fuera, acaban, literalmente, «tostadas».

LAS CUEVAS Y BOSQUES DEL SURESTE ASIÁTICO

En la isla de Borneo, la boca de una cueva es como una bulliciosa intersección de carretera. Es el lugar en el que se cruzan millones de murciélagos de labios arrugados y rabitojos linchi cuando viajan entre los lugares donde anidan y los bosques de los alrededores, donde cazan. Es también donde los depredadores sacan partido de la confusión que generan los amaneceres y atardeceres, cuando los animales de día y los de noche se intercambian.

La salida de las aves

Las rabitojos linchi construyen sus nidos en forma de vaso con saliva seca. También usan su saliva para pegar sus nidos en lo alto de la cueva. Allí, ellas y sus crías están a salvo de los depredadores, como el grillo de cueva y los ciempiés gigantes, que viven en el suelo y los salientes. Cada mañana, millones de ellos dejan sus nidos y vuelan al bosque. En el trayecto, atrapan insectos a medio vuelo.

Prisión autoimpuesta

Los alrededores de la selva son ricos en fauna. En los árboles vive el cálao rinoceronte. Tiene un gran pico con una brillante y colorida estructura parecida a un gorro en la parte superior, que es conocida como «casco». A la hora de anidar, la hembra entra en el agujero de un árbol y el macho bloquea la entrada con barro, que se seca y se endurece, dejándola a ella y a sus polluelos a salvo de las serpientes de los árboles. El macho debe proveerlos con comida hasta que los polluelos estén listos para volar. Solo entonces removerán el barro y escaparán de su "prisión".

Una salida peligrosa

En el camino de salida, las rabitojos linchi se cruzan con las culebras corredoras, que se cuelgan de las estalactitas de la cueva para cazar las aves según pasan volando. Fuera de la cueva, aguardan otros peligros, como los milanos murcielagueros, que bajan en picado cazando las aves que salen.

Mantenerse seco

Los monos y los simios buscan comida en los árboles. El langur grisáceo vive en grupos pequeños y come hojas, brotes y algunas frutas sin madurar. El orangután generalmente busca comida solo, lo que es inusual en los simios, y es conocido por comer cuatrocientos alimentos diferentes. Cuando llueve, se cubre la cabeza con grandes hojas, como si fuera un paraguas.

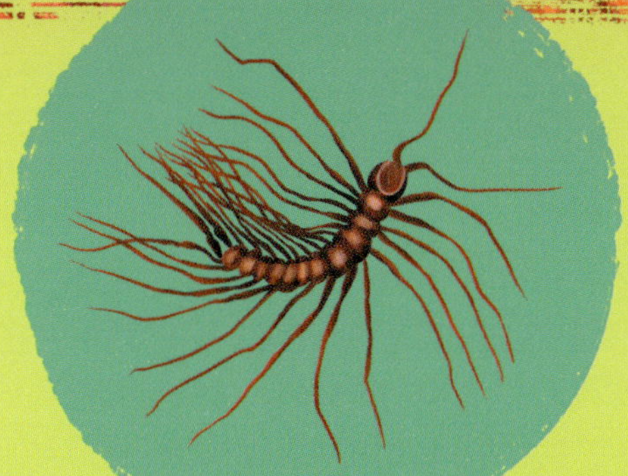

Ciempiés gigantes

Los ciempiés gigantes con piernas largas no tienen cien pies, sino quince pares. Aunque es algo inusual en ellos, cazan de día. Matan insectos y gusanos inyectándoles el veneno de sus afilados «colmillos».

Jabalíes barbudos

En el suelo, los jabalíes barbudos y los ciervos muntiacus se alimentan de flores, frutas y hojas. Hace tiempo, los jabalíes y los ciervos tenían que vigilar por si acechaba algún tigre, pero ya no. Se cree que en la isla de Borneo los tigres están extinguidos.

UNA ISLA APARTE: MADAGASCAR

Frente a la costa del sudeste de África, se encuentra la isla de Madagascar, que quedó separada del continente millones de años atrás. Por eso muchos de los animales que viven allí no se encuentran en ningún otro sitio de la Tierra. Los monos y los simios, por ejemplo, que se encuentran en toda África, no existen en Madagascar. Estos nunca llegaron a la isla, pero otros primates sí que lo hicieron: los lémures. Probablemente acabaron allí tras ir a la deriva en balsas por la estrecha franja de mar, y ahora se pueden encontrar por las zonas de Madagascar donde es esperable que habiten monos.

Isla de camaleones

Madagascar es el hogar de la mitad de los camaleones del mundo. Uno de los más grandes es el camaleón pantera, de cincuenta centímetros de largo. Tiene una lengua excepcionalmente larga que, cuando se extiende, puede doblar la longitud de su cuerpo. La velocidad a la que sale disparada de su boca es cinco veces la de un avión de combate a reacción, así que pocos insectos escapan a ella. El camaleón también puede cambiar de color, volviéndose más oscuro cuando quiere calentarse por las mañanas o cuando quiere enfrentarse a un rival. Sin embargo, no cambia de color para mimetizarse con su entorno.

Depredador supremo

La fosa se parece a un pequeño puma, pero no es un felino. Tiene patas y araña como un gato, una cola como un mono y orejas redondas como una comadreja, pero está más emparentado con la mangosta. La fosa, que está activa de día y de noche, es el mayor depredador de la isla (y la perdición de los lémures).

El lémur bailarín

El habitante del árbol sifaca a veces baja al suelo para pasar al siguiente árbol. Cuando lo hace, utiliza solamente sus dos patas traseras. Recuerda a un bailarín de danza que avanza elegantemente por el suelo del bosque.

Peleas apestosas

Los lémures de cola anillada son animales diurnos. Viven en grupos muy territoriales y, por eso, suelen tener «peleas apestosas» con los vecinos. Suelen frotarse un aroma afrutado proveniente de glándulas especiales en sus muñecas, pechos y colas con rayas blancas y negras, y las agitan hacia sus oponentes. ¡El más maloliente gana!

EL MAR ABIERTO

En la superficie del océano, pequeños seres vivos llamados fitoplancton (plancton vegetal) aprovechan la energía solar para producir comida, igual que hacen las plantas en tierra firme. A algunos se los llama diatomeas y son increíblemente pequeños. Alimentan a los zooplánctones (plancton animal), que también son muy pequeños. Estos, a su vez, son alimento para peces y calamares pequeños, que son presa de otros peces y calamares más grandes. En la cima de esta cadena alimentaria están los depredadores por excelencia, como el atún, los tiburones o los delfines. Los animales más grandes del océano dependen mucho de los más pequeños.

Animales en movimiento

Muchos de los animales que habitan en la superficie del océano migran entre zonas de alimentación y zonas de apareamiento. Las tortugas bobas cruzan el océano Pacífico desde Japón hasta México cada año, y viceversa; los atunes rojos hacen el camino de ida y vuelta entre el mar del Norte y el Mediterráneo; y el viaje de las ballenas jorobadas es entre Alaska, donde se alimentan, y Hawái, donde se aparean y dan a luz.

Café Blanco

Siempre se ha pensado que los grandes tiburones blancos son especies de costa, porque allí es donde la gente los suele ver en general. Pero, tras ponerles dispositivos de rastreo especiales a estos tiburones, los científicos han descubierto que, en realidad, pasan la mayor parte del tiempo en mar abierto. En el noreste del Pacífico, los tiburones blancos de California y México se dirigen a una extensa área en medio del océano, a mitad de camino entre América del Norte y Hawái, y se quedan allí durante meses. Se desconoce lo que hacen allí, pero los científicos conocen este movimiento como «café del tiburón blanco», ya que, según una de las teorías, se dirigen a ese punto para comer.

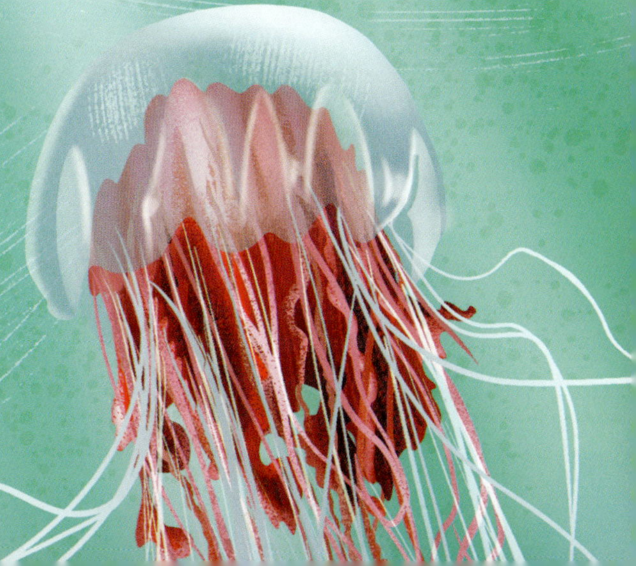

El pez gigante

El tiburón ballena es el pez más grande del mundo (el más grande conocido medía dieciocho metros de largo). Adónde viajan los tiburones en mar abierto es un misterio, pero, en algunas épocas del año, estos gigantes migran a aguas costeras. Llegan en el momento en el que los peces están engendrando, y los tiburones aspiran sus huevos. Los filtran del agua, por lo que se les conoce como «filtradores». Sin embargo, los peces producen tantos huevos que algunos escapan de estas bocas de un metro y medio de largo en forma de buzón. Al día siguiente, de los huevos supervivientes sale una larva que flota por el océano como parte del plancton.

Plancton gigante

Las medusas suelen ir a la deriva con las corrientes del océano, pese a que son capaces de moverse libremente. Abren y cierran sus cuerpos en forma de campana como si alguien abriese y cerrase un paraguas. Una de las más grandes es la medusa melena de león, que vive en aguas más frías, incluso en el océano Ártico. Su campana puede llegar a medir dos metros de largo y sus tentáculos punzantes dejan un rastro de treinta metros.

EL INTERIOR AUSTRALIANO

El interior acumula diferentes áreas salvajes: desiertos, bosques, sabanas, lagos, montañas y llanuras. Estas zonas, junto con varias islas cercanas, son el hogar de dos grupos de mamíferos únicos: los monotremas y los marsupiales. Los monotremas son peludos y alimentan a sus crías con leche como el resto de los mamíferos, pero ponen huevos como los reptiles. Los marsupiales dan a luz a sus bebés cuando estos aún no están del todo desarrollados, por lo que, en muchas especies (aunque no todas), las crías se mantienen en una bolsa en el cuerpo de la madre hasta que están listos para salir al mundo.

La gran ave

El emú es la segunda ave más alta del mundo después del avestruz (puede llegar a los 1,9 metros de altura). Los emús están activos durante el día, ya que es cuando se alimentan, se acicalan y se bañan en polvo, cosa que tienden a hacer en pareja. Son grandes corredores, alcanzan una velocidad máxima de treinta kilómetros por hora y baten sus pequeñas alas para estabilizarse y mantener sus cuerpos en equilibrio. Sus patas cuentan con garras afiladas que pueden usar para defenderse, y tienen un párpado extra que sirve para proteger del polvo al ojo.

Un trío de reptiles

Entre los lagartos que viven en el interior australiano están: el feroz varano gigante, uno de los lagartos más largos del mundo; el dragón con volantes, el cual, cuando se encuentra en peligro, erige un colgajo de piel alrededor de su cuello; y el diablo espinoso, que vive en el desierto y acumula el rocío al inicio del día en sus duras y protectoras espinas, dejando gotear el agua hasta llegar a su boca.

Periquitos salvajes

El periquito, la familiar mascota, es un ave salvaje en Australia. Viaja en pequeños grupos, pero, en época de sequía, puede llegar a reunirse en grandes bandadas para beber en pozas. Las semillas de las que se alimentan tienen muy poca agua, por lo que tienen que buscarla con regularidad. Cuando lo hacen, deben tener cuidado con las aves rapaces, como los azores y los milanos negros, a los que les atrae el ruido que hacen los periquitos al comunicarse.

Especialista en termitas

El numbat es un marsupial raro y en peligro de extinción que solo vive en libertad en la parte occidental de Australia. A diferencia de otros marsupiales, la hembra no tiene bolsa. Las crías subdesarrolladas se agarran a sus pezones para beber leche y se quedan colgadas durante cuatro o cinco meses, protegidas solamente por pliegues y pelaje. Con el tiempo, se cuelgan a su espada. Los adultos se alimentan de termitas, comiendo hasta veinte mil al día, pero no comen hormigas. Buscan comida de día, y vuelven a sus madrigueras si hace mucho calor o frío.

La serpiente asesina

Australia está llena de serpientes venenosas, y muchas cazan de día. La más venenosa es la taipán. Aunque es la serpiente más tóxica de la Tierra, pocas personas han recibido una mordedura suya, ya que es bastante dócil. Está más activa a primeras horas de la mañana. Muchas serpientes pican y luego se van, a la espera de que su víctima muera, pero la taipán ataca varias veces con precisión, injertando veneno profundamente en la víctima, que muere casi al instante. Su veneno está diseñado para matar a mamíferos de sangre tibia como nosotros, y es tan fuerte que el veneno de una sola picadura podría matar a cien humanos adultos.

El oso espinoso

El oso hormiguero espinoso es un monotrema. Como los tenrécidos, es un mamífero parecido a un erizo, y se alimenta de hormigas y termitas. Sus patas delanteras tienen garras para irrumpir en sus colmenas, y su hocico cuenta con unos sensores que detectan el campo eléctrico producido por los músculos de los insectos, así les resulta más fácil encontrarlos. Es una habilidad más común en animales marinos o de agua dulce, siendo este el único animal terrestre capaz de hacerlo.

LOS ANDES

Las montañas de los Andes cruzan América del Sur en toda su longitud; desde la tropical Venezuela al norte hasta las partes más frías de Chile al sur, lo que la convierte en la cordillera continental más larga del mundo.

Un planeador nato

Las zonas altas de las montañas de los Andes son ricas en fauna, e incluyen a una de las aves más grandes del mundo. El cóndor andino es un gigantesco buitre del Nuevo Mundo con unas alas de 3,3 metros de envergadura. Las utiliza para elevarse sobre las corrientes de aire en las laderas de las montañas o en burbujas ascendentes de aire caliente, conocidas como térmicas, mientras busca animales muertos. Es tan buen planeador que, aunque mueve sus alas cuando aterriza, casi nunca lo hace cuando está en el aire.

Caminantes lentos y rápidos

Los flamencos son aves que se asocian con lugares cálidos, pero también se encuentran en los lagos salados de los Andes, donde se alimentan de gambas y algas. Los que comen diatomeas, un tipo de alga que flota en la superficie del agua, van a una majestuosa velocidad de entre diez y quince pasos por minuto, mientras que los que comen gambas van a entre cuarenta y sesenta pasos por minuto, removiendo los sedimentos para perturbar a su presa.

El conejo impostor

Entre los últimos bosques y el comienzo del hielo y la nieve, hay una franja de rocas sueltas y terreno de páramo. Aquí vive la vizcacha, un roedor peludo con orejas grandes y patas traseras largas. Se parece a un conejo con una cola larga y peluda, pero no tienen ningún parentesco. Su hábitat tiene poca vegetación, pero las empinadas pendientes rocosas son suficientes para esconderse de los pequeños depredadores que habitan la zona, como el gato montés andino o el zorro culpeo. Busca hierbas y otras plantas de montaña para alimentarse después del amanecer y por la tarde, hasta entrada la noche. El resto del día lo pasa tomando el sol.

El verdadero Paddington

Un poco más abajo de la montaña, hay bosques nubosos. Se les llama así porque frecuentemente están envueltos de nubes bajas. La humedad anima al musgo a crecer por todas partes, en el suelo y en los árboles. Estos árboles son generalmente más bajos que en otros bosques, y están decorados con bromelias (plantas florales que crecen en la corteza de los árboles). Aquí habita un animal algo inesperado: el oso andino. Es la única especie de oso en América del Sur, el cual escala los árboles para alimentarse de las bromelias.

Camellos sudamericanos

Los pastos de la montaña y las laderas rocosas son el dominio del guanaco, el pariente salvaje de las llamas. Vive en pequeñas manadas, y los machos pelean por ver quién ocupa un lugar privilegiado en el que ver pasar manadas de hembras guanacos. Los oponentes se golpean entre sí y tratan de morderle al otro sus partes íntimas. Junto con la delicada vicuña, el guanaco es uno de los dos parientes del camello que viven en los Andes, a ambos los persiguen los pumas.

EL ARRECIFE DE CORAL

Los arrecifes de coral tropicales crecen en aguas cálidas y poco profundas. Los forman pequeños animales marinos llamados pólipos corales, que se parecen a las anémonas. Sobre su superficie, hay una gran variedad de criaturas, como el pez loro, la damisela, el pez mariposa, los cangrejos y las langostas. El arrecife es como una ciudad, con altos bloques de corales separados por avenidas de rocas y arena (y nunca duerme).

Dormilón y merodeador

Algunos tiburones cazan de día, mientras que otros descansan. Los tiburones punta negra cazan peces jóvenes en las arenas poco profundas, mientras que los tiburones punta blanca descansan en cuevas y bajo piedras que sobresalen. A diferencia de otros tiburones, que necesitan nadar para respirar, el tiburón punta negra puede bombear agua sobre sus branquias, lo que le permite tumbarse en el fondo del mar.

Tiburones que andan

Los mayores depredadores del arrecife y sus alrededores son las mantas rayas y los tiburones, y uno de ellos puede hacer una cosa extraordinaria. Cuando baja la marea, el tiburón pintarroja colilarga ocelada es capaz de andar sobre sus aletas de una poza rocosa a otra. Así se asegura de estar siempre en el sitio más cómodo: donde no haga demasiado calor y donde haya suficiente oxígeno para sobrevivir hasta que la marea vuelva a subir.

Tiburones barbudos

Durante el día, el wobbegong, un tipo de tiburón alfombra, se camufla para conseguir comida. Se posa en el suelo del arrecife, escondido debajo de algunos corales, y espera a que la presa se acerque. Se mezcla con el fondo arenoso y tiene pequeños pelos alrededor de la boca que parecen algas. En su cola tiene un punto que, cuando se agita, se parece al ojo de un pequeño pez: lo utiliza para atraer a su presa.

Buscando a Nemo en casa

El pez payaso vive entre los tentáculos punzantes de las anémonas de mar. Las dos criaturas se ayudan entre sí: la anémona lo defiende ante sus depredadores y el pez protege a la anémona de parásitos que crecen en su superficie. El pez payaso puede guiar a sus presas hasta los tentáculos venenosos de la anémona. Recoge las sobras de la comida de la anémona y extrae comida de sus excrementos.

LA CIUDAD

Los animales que se adaptan a los cambios con rapidez y detectan oportunidades, como la ardilla gris, la paloma o el zorro rojo, han migrado a las ciudades con los humanos. Algunos de sus atractivos son la falta de depredadores y la presencia de edificios altos, calles con hileras de árboles, jardines frondosos y abundantes suministros de comida (como los comederos para pájaros o los desperdicios humanos). La siguiente generación lo único que conoce es la ciudad, así que, cuando llega el momento de reproducirse, buscan sitios en los que instalarse en las áreas urbanas. Si a una ciudad no le quedan espacios apropiados, se mudan a otra en vez de irse al campo. Una vida fácil.

El halcón peregrino anidando

En las alturas

Los edificios altos, puentes y otras estructuras hechas por humanos son muy similares a las superficies rocosas, por lo que son ideales para que las aves construyan allí nidos antidepredadores, cuando normalmente vivirían en acantilados. Los habitantes de los barrancos, como las palomas bravías, se han convertido en moradores de las ciudades en todo el mundo. Les persigue el animal más rápido de la Tierra, el halcón peregrino, que anida en los alfeizares de los edificios altos. En las ciudades costeras, las gaviotas argénteas se asientan en las repisas de fábricas y almacenes, sustitutos de los acantilados junto al mar.

Golondrinas anidando en edificios

Invasores

En ciudades de Reino Unido se ha instalado una especie de ave exótica: la cotorra de Kramer. Originarias de Pakistán y el norte de la India, las cotorras escaparon o fueron liberadas de su cautiverio en la campiña inglesa. Se sentían tan a gusto que su población aumentó con rapidez. Se registraron por primera vez en Reino Unido a mediados del siglo XIX. Empezaron a reproducirse en Londres en la década de 1960 y, desde entonces, han aparecido en varias ciudades del país. Ahora, son una plaga urbana y asaltan árboles frutales y arbustos en los jardines de la gente.

Visitantes de los comederos para pájaros

Los jardines europeos se han convertido en los principales espacios de alimentación de gorriones, estorninos, carboneros y otros pájaros cantores. A menudo les atraen los comederos para pájaros, que reciben periódicamente semillas, gusanos secos y bolas de grasa. Sin embargo, son vulnerables a los ataques de los gavilanes, que también se benefician de que las personas alimenten a las aves de jardín. Algunos edificios como iglesias y graneros son lugares ideales para que vencejos, golondrinas y aviones comunes aniden. Las astutas urracas buscan a sus polluelos bajo los aleros.

EL AMANECER Y EL ATARDECER

Una gran cantidad de animales aprovechan la tenue luz del amanecer y del atardecer. Se dice que son crepusculares. Si bien la temperatura puede ser demasiado alta a mediodía o demasiado fría a medianoche, el crepúsculo es un momento clave. La temperatura es perfecta (ni demasiado calor ni demasiado frío) y los depredadores diurnos y nocturnos se encuentran o bien relajándose o bien a punto de levantarse. Para otros, es una oportunidad perfecta.

El coro del amanecer

En primavera, los pájaros cantores empiezan a cantar a primera hora de la mañana. Se le llama el coro del amanecer, pero ¿por qué cantan a esta hora? La tenue luz del amanecer no es el mejor momento para encontrar semillas ni atrapar insectos, así que, ¿por qué no cantar para atraer a una pareja o advertir a los vecinos de que no se metan en su parcela? El aire suele estar en calma al amanecer y hay menos ruido, por lo que los cantos llegan veinte veces más lejos de lo habitual.

Halcones contra búhos

Para un depredador, la competencia por la comida puede ser una razón para cambiar su patrón de actividad. En las islas Galápagos, por ejemplo, los búhos macho de la mayoría de las islas cazan durante el día. Sin embargo, en la isla de Santa Cruz, el halcón de las Galápagos es un gran rival diurno, así que los búhos han pasado a cazar al amanecer y al anochecer, cuando los halcones no se han despertado o ya han terminado.

El conejo del desierto

Los animales que viven en desiertos cálidos suelen ser crepusculares, con lo que evitan el calor del día y el frío de la noche. El conejo del desierto se esconde entre matorrales gran parte del día, y sus grandes orejas le ayudan a mantener el cuerpo fresco al perder calor, al igual que ocurre con las del zorro del desierto. Está activo al amanecer y al anochecer. Tiene una mancha de pelo blanca en la cola que se parece a un pompón de algodón. Cuando se acerca el peligro, la levanta para advertir a otros conejos, ya que el blanco es un color que se ve muy bien en el crepúsculo. Si tiene que escapar, puede correr a veinte kilómetros por hora en zigzag para despistar a sus perseguidores.

Perros cazadores

En el interior de Australia, la fauna debe tener cuidado al anochecer con un animal: el dingo. Procedente del Sureste Asiático, probablemente lo trajeron a Australia sus primeros habitantes. Sin embargo, hoy es más un animal salvaje que doméstico. Caza marsupiales, emús, canguros, ualabíes y cualquier otro animal que se encuentre, incluido el ganado de las granjas, por lo que algunas personas lo consideran una plaga.